BEI GRIN MACHT SICH IHR WISSEN BEZAHLT

Big Data und Data Analytics. Erstellung eines digitalen Pilotprojektes zur Effizienzsteigerung in der Fertigung

Marcel Mailli

Bibliografische Information der Deutschen Nationalbibliothek:

Die Deutsche Nationalbibliothek verzeichnet diese Publikation in der Deutschen Nationalbibliografie; detaillierte bibliografische Daten sind im Internet über http://dnb.d-nb.de abrufbar.

ISBN: 9783346367020
Dieses Buch ist auch als E-Book erhältlich.

© GRIN Publishing GmbH
Nymphenburger Straße 86
80636 München

Druck und Bindung: Books on Demand GmbH, Norderstedt Germany
Gedruckt auf säurefreiem Papier aus verantwortungsvollen Quellen

Das Buch bei GRIN: https://www.grin.com/document/993002

International University of Applied Science

Internationale Hochschule Fernstudium

Data Analytics und Big Data

Fallstudie

Fallstudie 3

Q-Automobile AG

Thema: Erstellung eines digitalen Pilotprojektes zur Effizienzsteigerung in der Fertigung

30.10.2020

Nachname	Vorname	Matrikelnummer	Studiengang
Mailli	Marcel	xxx	Wirtschaftsingenieurswesen Ind. 4.0

I Inhaltsverzeichnis

II Abbildungsverzeichnis

III Abkürzungsverzeichnis

BI	Business Intelligence
IT	Informationstechnologie
KDD	Knowledge Discovery Databases
PSP	Projektstrukturplan
Usw.	Und so weiter
z.B	Zum Beispiel

1.Einleitung

In einer immer größer werdenden Welt voller Daten, egal ob personenbezogene, maschinelle oder informationstechnische, ist es wichtig, eine gewisse Ordnung der Informationen zu bekommen und somit den Überblick zu behalten. Diese riesigen Datenmengen bezeichnet man als Big Data. Es genügt nicht mehr die Daten in einfachen Tabellen, wie beispielsweise mit Hilfe von Excel zu speichern und keinen Nutzen daraus zu ziehen. Der Wert von Daten wird im KDD Prozess[1] erst nach der fünften Phase erreicht. Besonderes Thema in diesem Prozess ist das Data Mining. „Data Mining ist ein breites Forschungsfeld und nutzt zur Mustererkennung in Datenbeständen verschiedene Algorithmen aus der Mathematik, Statistik und Informatik" (Wuttke, 2020). Data Mining hilft mit den verschiedenen Methoden wie der Assoziationsanalyse, Korrelationsanalyse, Prognose, Clusteranalyse oder der Klassifikation dabei, die Informationen zu strukturieren, Muster zu erkennen, Klassen zuzuordnen oder Zusammenhänge zwischen Variablen zu ermitteln.

Gerade für Unternehmen ist es wichtig vorhandene Daten nicht nur in Datenbanken zu „lagern", sondern auch das Potential daraus zu schöpfen und das entstehende Wissen zu nutzen. Somit können beispielsweise Wettbewerbsvorteile im Marketing, Qualitätsmanagement oder Design erzielt werden.

" Big Data sind hierbei ein wunderbares Tool um Prozesse zu optimieren und Kosten zu senken. Dadurch dass Big Data in allen Unternehmensbereichen anfallen und leistungsstarke Analysesysteme in der Lage sind, alle dieser Informationen zu verarbeiten und miteinander in Verbindung zu bringen, können viele Prozesse effizienter gestaltet werden" (Laroque, o.J).

Allerdings lassen sich Big Data Anwendungen nicht ohne dazugehörige und dafür ausgelegte IT- Infrastruktur implementieren. So muss eine ausreichende Menge an Speicherkapazität, Echtzeitanwendungen oder auch entsprechende Software verfügbar sein, um analytisch arbeiten zu können. In der folgenden Fallstudie wird an einem konkreten Beispiel sichtbar, unter welchen Gegebenheiten und den damit verbunden Systemen Big Data Analytics angewendet werden kann.

---

[1] KDD-Prozess: Knowledge Discovery in Databases (deutsch: Wissensentdeckung in Datenbanken) ist ein übergeordneter Prozess, der den Verlauf der Entdeckung von Wissen darstellt.

1.1 Aufbau/Vorgehensweise

Unter einer Fallstudie versteht man eine empirische Forschungsmethode, bei der ein bestimmtes Fallbeispiel aus unterschiedlichen Blickwinkeln betrachtet wird. Mit Hilfe von Literaturrecherche wurde ein für das Thema spezifisches Konzept erarbeitet und dokumentiert.

Im ersten Gliederungspunkt wird das Projekt kurz vorgestellt und Möglichkeiten zur Problemlösung aufgezeigt. Abschließend findet sich die Zieldefinition.

Der zweite Punkt stellt allgemeine theoretische Grundlagen zur Fallstudie dar. Dabei wird Big Data und die Entstehung bzw. Verarbeitung der Daten erläutert. Auch wird auf Data Mining eingegangen.

Im dritten Gliederungspunkt werden digitale Lösungsansätze erarbeitet und auf die Problemstellung angepasst. Darunter fällt das Konzept Machine Learning. Auch wird dieser Teil durch Predictive Maintenance[2] ergänzt.

Kapitel vier zeigt die Erweiterung der IT-Infrastruktur auf und vermittelt mit Hilfe einer neuen Architektur die gewonnen Erkenntnisse. Weiterhin wird speziell auf Data Lake und Data Warehouse eingegangen, da diese sich als geeignete Werkzeuge zur Basis der Datenanalyse entwickeln.

Das fünfte Kapitel erläutert den Projektplan und stützt sich dabei auf den Projektstrukturplan.

Der Letzte Teil der Arbeit fasst vorausgegangene Untersuchungen abschließend zusammen und gibt einen kurzen Ausblick in die Zukunft der Big Data Verwendungen.

1.2 Projektvorstellung

Im Rahmen dieser Fallstudie wird bei dem Unternehmen Q-Automobile AG untersucht, wie die Effizienz der Produktion gesteigert werden kann, um Kosten zu sparen und die Qualität zu erhöhen.
Bei dem Unternehmen Q Automobile wurden bereits technologische Strategien der Industrie 4.0 entwickelt. Nun steht die Durchführung eines digitalen Projektes zur Analyse von Sensordaten der Fräs- und Hohnmaschinen an.

---
[2]

Dabei soll ein Projektvorschlag mit Lösungsbeschreibung ausgearbeitet werden. Inhaltlich sind digitale Lösungsansätze und deren Anwendungsfälle zu identifizieren, eine Erweiterung der IT-Infrastruktur zu dokumentieren und geeignete Werkzeuge darzustellen. Dies wird mit einem Projektplan gestützt.

1.3 Problemlösung

Eine der vielversprechendsten Möglichkeiten, um mit der Analyse von Sensordaten einen Effizienzgewinn zu generieren, ist die Technologie des Machine Learnings (dt. maschinelles Lernen). Weitere Möglichkeiten zur Effizienzsteigerung stellen Predictive Maintenance und Condition Monitoring dar.

Die von den Sensoren gewonnen Daten sollen nun mit Hilfe der Einführung eines Data Warehouses beziehungsweise eines Data Lakes gespeichert und systematisch geordnet werden. Anschließend sollen die digitalen Informationen, nachdem sie den KDD Prozess durchlaufen haben, in Wissen umgewandelt werden. Dieses Wissen stellt dann den Ausgangspunkt dar, um die Effizienzsteigernden Maßnahmen anwenden zu können.

1.4 Zieldefinition

Ziel dieses Projektes ist es, die gewonnen Sensorinformationen systematisch auszuwerten und in wertvolle Ressourcen in Form von Wissen umzuwandeln. Hierbei sollen dann, vor allem in der Feinbearbeitung der Komponenten, die Stillstandzeiten der Produktionsanlagen verkürzt werden. Somit kann die Produktivität gesteigert werden. Weiterhin soll die IT- Infrastruktur um digitale Tools erweitert werden, um beispielsweise Sensordatenanalysen durchführen zu können.

2. Theoretische Grundlagen

In diesem Gliederungspunkt werden die wichtigsten Grundlagen zur Fallstudie dargestellt. Zum einen werden die Themen Big Data und IoT[3] zusammen erörtert und zum anderen wird auf den Begriff Data Mining näher eingegangen.

Big Data und IoT stehen in starker Verbindung zueinander, denn durch die vielen vernetzten und intelligenten Objekte im Internet der Dinge entsteht eine Vielzahl an Daten. Diese werden wiederum in Big Data Anwendungen gespeichert und analytisch ausgewertet.

---

[3] Unter IoT versteht man das Internet of Things (zu Deutsch „Internet der Dinge"). Hierbei geht es um die Vernetzung von intelligenten Objekten (z.B. Maschinen) mit dem Internet.

Im Data Mining werden mathematische Verfahren angewendet, um aus den Daten unbekannte Muster zu erkennen, welche dann zur Entstehung von Wissen beitragen. So entsteht nach der Interpretation aus den Ergebnissen des Data Minings ein Mehrwert der Datenanalyse.

2.1 Big Data und IoT

Der Begriff Big Data bezeichnet die heutzutage immer größer werdenden Datenmengen. Der Begriff wird geprägt durch die drei Merkmale: Volume (Menge), Variety (Vielfalt) und Velocity (Geschwindigkeit).

Die Merkmale beschreiben somit die enormen Mengen an Daten (Volume), die in Unternehmen produziert werden. Einfache Datenbanken und herkömmliche Systeme können diese Datenflut nicht mehr effizient speichern oder analysieren.

Die Vielfalt der Daten wird durch Variety beschrieben und bezeichnet die hohe Anzahl an strukturierten und unstrukturierten Daten.

Das dritte Merkmal (Velocity) steht für die Geschwindigkeit, mit der die Daten generiert und verarbeitet werden. Ein Beispiel hierfür wären die Datenströme von Sensordaten.

Der Begriff Big Data zielt aber auch auf die neuen, leistungsstarken IT-Lösungen und Systeme, mit denen die Menge an Informationen in Unternehmen verarbeitet werden. (Vgl. Ratke, Litzel. 01.02.2019)

Die Einsatzgebiete der Big Data Technik ist sehr vielfältig und wird in Zukunft nahezu in allen Wirtschaftsbereichen genutzt. Einige Branchenpunkte davon sind die Produktentwicklung, Produktion, Logistik, Vertrieb und die Forschung.

Mit Hilfe neuer Technologien kann den konkreten Anforderungen unterschiedlicher Fachbereiche Lösungen entgegengebracht werden.

„Wir können davon ausgehen, dass das Datenvolumen zumeist eine der Herausforderungen von Big Data Projekten ist. Dadurch kann die Wahl der passenden Technologie auf die Dimensionen Variety und Velocity beschränkt werden" (Bitkom 2014, S.22).

Die Technologie lässt sich zur groben Orientierung in vier Segmente aufteilen.

1.   Standard SQL: Geeignet für Anwendungen mit geringer Datenvielfalt und Verarbeitungsgeschwindigkeit. Beispielsweise für BI Anwendungen.

2.   In Memory Technologie kommt zum Einsatz, wenn Analysen schneller erfolgen müssen.

3. NoSQL Datenbanken sind besonders bei großer Datenmenge und dementsprechender Vielfalt geeignet.

4. Bei Echtzeitanwendungen empfiehlt sich das Streaming und Complex Event Processing (CEP) zum Auswerten der Daten. Diese Art ist besonders bei diesem Projekt wichtig, da die Sensordaten als Stream gesendet werden.

Als großer Treiber der Big Data ist das Internet of Things (IoT) zu nennen." Das Internet of Things (IoT) - auf Deutsch "Internet der Dinge" - bezeichnet ein System von miteinander vernetzten Maschinen, Anlagen und Geräten über und mit dem Internet" (Moßner, Bergmann, 08.11.2019).

Die vernetzten, intelligenten Geräte stehen in ständiger Kommunikation mit anderen Teilnehmern des IoT und somit ist ein hoher Datenaustausch unabdingbar.

2.2 Data Mining

Data Mining ist der eigentliche Teilschritt der Datenanalyse im KDD-Prozess (Knowledge Discovery in Databases). Im deutschen versteht man darunter die Wissensentdeckung in Datenbanken). Dieser ist ein nichttrivialer Prozess, mit mehreren Stufen.

Abb. 1. KDD-Prozess

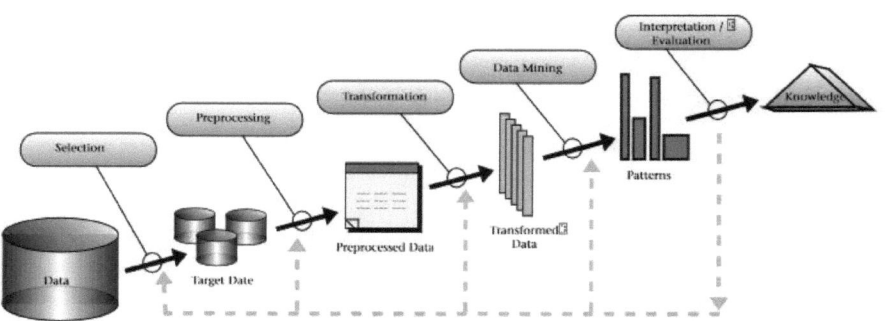

Quelle: In Anlehnung an Fayyad, U., Piatetsky-Shapiro, G., Smyth, P.

Der Prozess gliedert sich in folgende Punkte:

1. Selection: Datenerhebung und Selektion finden statt

2. Preprocessing: Datenbereinigung, z.B. durch Entfernen /Ergänzen von unvollständigen Datensätzen
3. Transformation: Merkmale werden diskretisiert, abgleitet und relevante Merkmale selektiert
4. Data Mining: der eigentliche Analyseschritt. Mit Hilfe mathematischer Verfahren werden neue Muster erkannt und generiert.
5. Interpretation/ Evaluation: Evaluation und Kontrolle der Datenanalyse, Validierung

Hierbei gibt es unterschiedliche Methoden wie mit den Maschinendaten umgegangen wird. Im Folgenden die wichtigsten Punkte zur Sensordatenanalyse:

- Clusteranalyse: Ähnliche Datensätze/Objekte werden zu Gruppen gebündelt
- Klassifikation: Daten/Elemente werden den bestimmten Klassen zugeordnet
- Assoziationsanalyse: Hierbei werden Zusammenhänge und Beziehungen erkannt
- Ausreißererkennung: Ungewöhnliche bzw. unpassende Datensätze werden aufgespürt.

Im nächsten Schritt wird aufgezeigt, wie die Methoden praktisch am Beispiel der Assoziationsanalyse funktionieren und wertvolle Informationen in Form von Wissen generieren. Die Assoziationsanalyse entwickelt Regeln, welche die Beziehungen zwischen Datensätzen vorkommender Elemente beschreiben. Ein Element ist also eine Ausprägung eines Wertes des Datensatzes.

Beispiel: Die Schwingungssensoren zeigen ungewöhnlich hohe Werte auf. Bei Werten ab 5 kHz (Kilo Herz) folgt innerhalb der nächsten 10s ein konstanter Rückfall der Drehgeschwindigkeit der Maschine. Daraus kann gefolgert werden, dass die Maschine bei hohen Werten zum Ausfall führt.

3. Digitale Lösungsansätze

Mit Hilfe der Daten lassen sich an den Maschinen auch mögliche Standzeiten, oder kommende Wartungen vorhersagen. „Im Kern geht es darum, den Zustand von Maschinen kontinuierlich zu überwachen und darauf aufbauend Betrieb und Wartungsintensität zu optimieren. Damit das gelingt, müssen die gesammelten Messdaten automatisch interpretiert werden" (Mehne.09.10.2020).

Diese Technologie nennt man Predictive Maintenance und bringt viele Vorteile in Bezug auf die Effektivität in der Fertigung mit sich. Die Wartung erfolgt in Abhängigkeit der Nutzung. Somit kann Arbeitszeit verkürzt und Ersatzteilkosten minimiert werden. Folglich kann die

Lebensdauer der Ersatzteile und Bauteile optimal genutzt werden. Mitarbeiter können sich auf die o.g. Standzeiten einstellen und optimal darauf vorbereiten.

Beim Condition Monitoring wird der Zustand der Anlagen ständig überwacht. Daraus ergeben sich nur schwer planbare Stillstandzeiten. Diese Probleme werden dann im Rahmen von Predictive Maintenance eliminiert. Hierbei kommen Algorithmen zum Einsatz, welche lernfähig sind und somit die Qualität der Prognosen mit der Zeit und Anzahl der Anlagen steigern. Die Machine Learning Algorithmen sollen Zusammenhänge finden, um Anforderungen zu erfüllen und Ziele zu erreichen: Diese sollen eine Zustandsdiagnose vom System und eine Vorhersage zur verbleibenden, nutzbaren Lebensdauer geben.

4. Erweiterung der IT-Infrastruktur

Bei der Erweiterung der Infrastruktur auf informationstechnischer Basis, sind in dieser Fallstudie speziell die beiden Konzepte, Data Lake und Big Data Warehouse zu untersuchen.

Das Big Data Warehouse kann auch als Datenlager verstanden werden. Diese Plattform speichert Daten aus unterschiedlichen Quellen, die sie verdichtet und nachfolgende Analysesysteme damit versorgt (Vgl. Luber, Litzel. 2017).

„Data Lakes sind aus der Notwendigkeit heraus entstanden, massive Daten wie Big Data zu nutzen und die rohen, granular strukturierten und unstrukturierten Daten für maschinelles Lernen einzusetzen. Trotzdem brauchen Unternehmen noch Data Warehouse, damit Business-Benutzer Analysen durchführen können" (o.V. 2020).

Die beiden Techniken ergänzen sich in ihren Eigenschaften. Ein kurzer Vergleich der Beiden Techniken stellt die Unterschiede dar.

Abb. 2. Darstellung der jeweiligen Faktoren von Data Lake und Big Data Warehouse.

	Data Lake	Big Data Warehouse
Ansatz	Schema-on-Read	Schema-on-Write
Speicherung	Billig	Teuer
Sicherheit	Unterentwickelt	Ausgereift
Nutzer	Nur Daten-Spezialisten	Geschäftsleute, Datenanalysten
Architektur	Flexibel	Streng und starr
Datenzustand	Alle Daten, roh, unstrukturiert, strukturiert	Nur strukturiert

Quelle: In Anlehnung an (Becker. 26.07.2018)

Gespeichert werden können die Daten mit Hilfe von HDFS(Hadoop Distributed File System), Cassandra oder HBase. Gestreamt werden die Daten via Apache Kafka oder Apache Storm. Die Verarbeitung der Daten geschieht über Spark, Hadoop MapReduce.

In diesem Abschnitt wurde eine Gesamtlösung zur Architektur speziell zur Datenanalyse erstellt. Dieses Konzept funktioniert unabhängig von den aktuellen informationstechnischen Systemen und kann somit problemlos implementiert werden. Wichtig bei der Erstellung dieser Architektur war, dass die aktuelle Infrastruktur nicht unterbrochen werden muss und somit ein reibungsloser Ablauf gewährleistet werden konnte.

Im Folgenden soll der Aufbau und die Funktionsweise der Datenanalyse dargestellt werden.

Abb. 3. Architektur der Datenanalyse

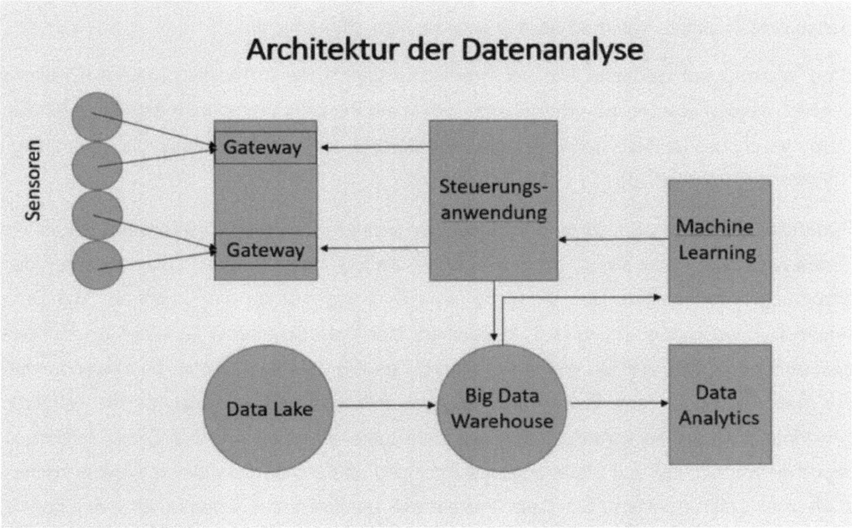

Quelle: Eigene Darstellung

Aufbau:

Sensoren: Die Sensoren zur Schwingungsmessung sind bereits standartmäßig in den Hon- und Fräsmaschinen verbaut. Die Sensoren senden kontinuierlich Datenströme.

Gateways: Gateways nehmen die Informationen der Schwingungssensoren auf und stellen diese den Steuerungsanwendungen zur Verfügung

Steuerungsanwendungen: Diese basieren auf maschinellen Lernen und verwenden Modelle, die in regelmäßigen Abständen die im Big Data Warehouse gespeicherten Daten aktualisieren.

Machine Learning: „Mithilfe des maschinellen Lernens werden IT-Systeme in die Lage versetzt, auf Basis vorhandener Datenbestände und Algorithmen Muster und Gesetzmäßigkeiten zu erkennen und Lösungen zu entwickeln. Es wird quasi künstliches Wissen aus Erfahrungen generiert. Die aus den Daten gewonnenen Erkenntnisse lassen sich verallgemeinern und für neue Problemlösungen oder für die Analyse von bisher unbekannten Daten verwenden" (Luber, Litzel, 2016)

Data Lake: Ein Data Lake (deutsch „Datensee") dient als Speicher von Rohdaten, welche aus vernetzten Geräten stammen (Vgl. Hryzhnevich. 15.08.2018). Da es sich hierbei um Sensordaten handelt, kommen diese in sogenannten „Streams" an.

Data Warehouse: Gefilterte und vorverarbeitete Daten, die für aussagekräftige Einblicke benötigt werden, werden aus einem Data Lake in ein Big Data Warehouse extrahiert. Ein Big Data Warehouse enthält nur bereinigte, strukturierte und übereinstimmende Daten (Vgl. Hryzhnevich. 15.08.2018).

Funktionsweise: Die Sensoren der Maschinen senden kontinuierlich Informationen an die Gateways. Die Gateways (beispielsweise Kafka) stellen die Daten dann den Steuerungsanwendungen zur Verfügung. Von Dort aus werden die Daten ans Big Data Warehouse weitergeleitet und dort gespeichert. Der Data Lake greift auch auf die im Lake gespeicherten Daten zurück. Weiterhin versorgt das Big Data Warehouse die Anwendungen des maschinellen Lernens. Sollen wichtige Erkenntnisse mit Hilfe der analytischen Verfahren gewonnen werden, so können Daten aus dem Lake extrahiert und ins Data Warehouse exportiert werden. Die von Steuerungsanwendungen an Aktoren gesendeten Befehle können auch zusätzlich in einem Big Data Warehouse gespeichert werden. Das kann helfen, problematische Fälle zu untersuchen (beispielsweise sendet eine Steuerungsanwendung Befehle, diese werden jedoch nicht von Aktoren ausgeführt, dann müssen Konnektivität, Gateways und Aktoren überprüft werden)

5. Projektplan

Die Dauer der Projektdurchführung wurde zu Beginn auf 5 Monate festgelegt. Im Vordergrund der Projektumsetzung steht dabei jedoch nicht die Einhaltung wichtiger Zeitspannen, sondern die schrittweise Erarbeitung der Infrastruktur der IT. Nach der oben genannten Zeitspanne, soll ein digitales Modell zur Datenauswertung in die bereits bestehende BI-Infrastruktur implementiert sein. Hierbei war es dem Projektleiter sehr wichtig, dass die laufenden Systeme der IT nicht gestört werden und in gewohnter Weise weiterarbeiten können.

Der Projektstrukturplan (siehe Anhang 1) gliedert das Projekt der Effizienzsteigerung in drei Phasen. Die erste Phase stellt somit die Planungsphase dar, welche die wichtigsten Arbeitspakete zur Planung beinhaltet. Darunter fällt z.B. die Analyse der Problemstellung.

Die zweite Phase nennt sich Entwicklungsphase. Darunter fällt beispielsweise das Auffinden geeigneter digitaler Lösungen, um die Sensordaten zu bewerten. Hier wurde in Terminen mit den Verantwortlichen über mögliche Konzepte und deren Vor- und Nachteile diskutiert. Auch wurde der jeweilige Aufwand dafür abgeschätzt und bewertet.

Den letzten Teil bildet die Implementierungsphase. Hierbei gilt es besonders die Einführung bzw. Implementierung des Data Lakes zu nennen. Dies ist ein wichtiger Bestandteil dieser Arbeit, auf den weitere digitale Tools folgen und aufbauen. Beispielsweise Machine Learning mit den Algorithmen zum Ermöglichen der vorausschauenden Wartungen. Abgerundet wird diese letzte Phase durch den Probelauf.

Weiterhin wurde, um die Anforderungen der informationstechnischen Neuerung konkretisieren zu können, ein Lasten-, sowie Pflichtenheft nach der VDI 2519 erstellt. Im Lastenheft wurden die Anforderungen sowie die Zielsetzung spezifiziert.

Das Pflichtenheft beschreibt die Leistung des Auftragnehmers und sollte somit mindestens einen Projektstrukturplan mit den Arbeitspaketen beinhalten. Die Strukturierung in Bezug auf den Detailgrad bezüglich Projektart, Komplexität, Größe und Branche sollte sinnvoll gewählt werden. Auch können Termin- und Ressourcenpläne im Pflichtenheft enthalten sein. (Vgl. Angermeier, 2009)

6. Zusammenfassung und Ausblick

Im Rahmen der Fallstudie wurde untersucht, wie sich Sensordaten in dem bereits bestehenden BI- Umfeld der II der Firma Automobile AG integrieren lassen und somit Optimierungen in Bezug auf Effizienz in der Produktion erreichen lassen. Mit Hilfe der gewonnenen Sensordaten der Hohn- und Fräsmaschinen, wurden die Grundlagen zur Datenanalyse bereitgestellt.

Werkzeuge wie Big Data Warehouse oder Data Lake speichern die vielen Daten ohne Probleme und lassen somit einen flexiblen Umgang mit den Informationen zu. Diese Daten lassen sich später via Machine Learning effizient nutzen und somit Vorteile, wie das Vermeiden von unnötigen Stillständen oder das Vorhersagen kommender Wartungen generieren. Diese Technologie nennt man Predictive Maintenance und bringt viele Vorteile in Bezug auf die Effektivität in der Fertigung mit sich. Die Wartung erfolgt in Abhängigkeit der Nutzung, somit kann Arbeitszeit verkürzt und Ersatzteilkosten minimiert werden. Somit kann die Lebensdauer der Ersatzteile sowie Bauteile optimal genutzt werden, sodass Mitarbeiter sich auf die oben genannten Standzeiten einstellen und optimal darauf vorbereiten können.

Ein weiteres Ziel war die Erstellung eines Projektplanes. Dieser umfasst einen Projektstrukturplan, das Lasten- und Pflichtenheft und gibt einen Überblick über den Umfang des Projektes. Auch spiegelt er Ressourcen und den Zeitverlauf.

Schwerpunkt wurde bei der Fallstudie auf die Erweiterung der IT-Infrastruktur gelegt. Mit Hilfe eines implementierten Data Lakes und dem Big Data Warehouse konnte eine neue Architektur erstellt werden. Diese wurde anschaulich mit Hilfe eines Schaubildes erklärt. Dadurch lassen sich nun wichtige Erkenntnisse gewinnen und die Anlagenproduktivität verbessern. Die Ausfallzeiten konnten während des Projektes schon um bis zu 16 % verringert werden.

Zusammengefasst wurde in der Fallstudie aufgezeigt, wie sich die Effizienz in der Fertigung an den Dreh- und Fräsmaschinen mit Hilfe von Sensordaten steigern lässt. Bei der Auswertung der Fallstudie wurde ein großes Potential an Vorteilen aufgedeckt, welche die Firma Q-Automobile AG in Zukunft zu Wettbewerbsvorteilen verhelfen können.

„Schnelle Entscheidungen, optimierte Systeme überall im Unternehmen, erhöhte Transparenz oder auch ein besserer Kundenservice. All dies sind Chancen, die wir mit Big Data und Big Data Analytics erzielen können" (o.V. 2020).

Vorausschauend wird also deutlich, dass die Datenanalyse eine immer größere Rolle bei Unternehmen spielt. Nahezu alle Abteilungen können das Prinzip des Data Minings zu Ihren Vorteilen nutzen. Bleibt man aber in der Produktion der Firma Q Automobile, so sind besonders die beiden Pressenstraßen zur Karosserieteilfertigung in Bezug auf Effizienzsteigerung durch analytische Verfahren interessant. Immer wieder treten Ausfälle sowie Stillstände auf und verursachen hohe Kosten. Können diese Daten durch beispielsweise Drucksensoren an den Roboterarmen ermittelt und ausgewertet werden, so lässt sich großes Potential an Optimierung ausschöpfen und Kosten einsparen.

IV. Literaturverzeichnis

Angermeier, A. (2009): Pflichtenheft.
https://www.projektmagazin.de/glossarterm/pflichtenheft

Becker. (26.07.2018). Analyse von Sensordaten. https://www.scnsoft.de/blog/analyse-von-sensordaten

Bitkom (2014). Big-Data-Technologien – Wissen für Entscheider. Berlin. S.22

Brandt, S. (2013): Datenanalyse für Naturwissenschaftler und Ingenieure. Mit statistischen Methoden und Java. 5. Auflage, Springer, Berlin/Heidelberg.

Dorschel, J. (2015): Praxishandbuch Big Data. Wirtschaft – Recht – Technik. Gabler, Wiesbaden

Fayyad, U., Piatetsky-Shapiro, G., Smyth, P., From Data Mining to Knowledge Discovery in Databases, American Association for Artificial Intelligence, 1996, AI Magazine, Vol. 17, No. 3, S. 4

Hryzhnevich. 15.08.2018) IoT Architektur. https://www.scnsoft.de/blog/iot-architektur-und-wie-das-alles-funktioniert

Laroque. (o.J). Chancen und Risiken durch Big Data. http://www.industry-analytics.de/chancen-und-risiken-durch-big-data

Luber, Litzel, (2016). Was ist Machine Learning. https://www.bigdata-insider.de/was-ist-machine-learning-a-592092

Luber, Litzel. (2017). Was ist ein Big Data Warehouse? https://www.bigdata-insider.de/was-ist-ein-data-warehouse-a-606701

Mehne. (09.10.2020). So setzen sie Predictive Maintenance richtig um. https://www.computerwoche.de/a/so-setzen-sie-predictive-maintenance-richtig-um,3547717

Moßner, Bergmann. (08.11.2019). Internet oft Things: Technologie und Anwendung. "(https://www.industry-of-things.de/internet-of-things-definition-technologie-und-anwendung-a-878883

o. V. (2020). Data Lake vs. Data Warehouse. https://www.talend.com/de/resources/data-lake-vs-data-warehouse

Ratke, Litzel. (01.02.2019): Was ist Big Data? https://www.bigdata-insider.de/was-ist-big-data-a-562440/

Wuttke, (2020). Data Mining: Algorithmen, Definition, Methoden und Anwendungsbeispiele. https://datasolut.com/was-ist-data-mining

V Anhänge und Materialien

Anhang 1: Projektstrukturplan

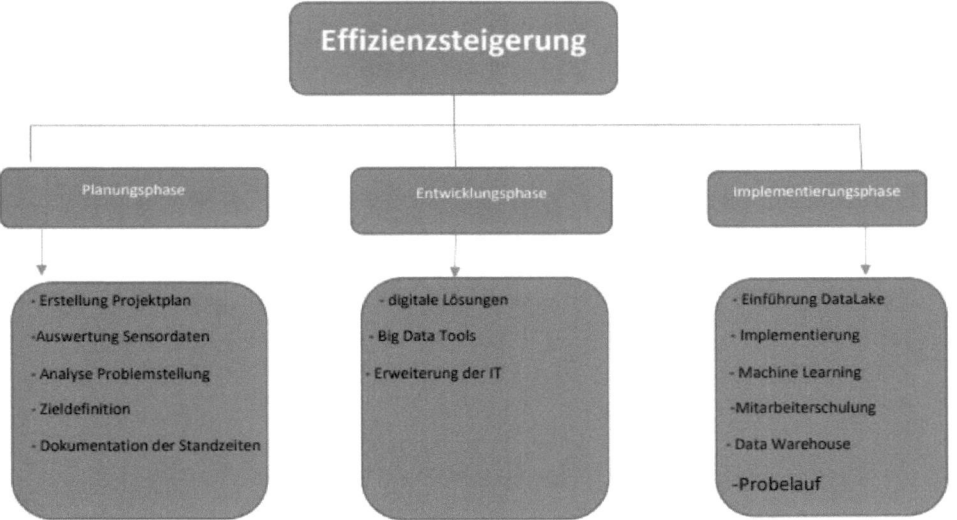

Quelle: Eigene Darstellung

BEI GRIN MACHT SICH IHR WISSEN BEZAHLT

- Wir veröffentlichen Ihre Hausarbeit,
  Bachelor- und Masterarbeit

- Ihr eigenes eBook und Buch -
  weltweit in allen wichtigen Shops

- Verdienen Sie an jedem Verkauf

Jetzt bei www.GRIN.com hochladen und kostenlos publizieren

.